AF291591

Die Erfindung
der Pyramiden

Grabstatt, Götter und Gestirne

Eine Betrachtung

von

Lutz Spilker

DIE ERFINDUNG DER PYRAMIDEN – GRABSTATT, GÖTTER UND GESTIRNE

Bibliografische Information der Deutschen Nationalbibliothek:
Die Deutsche Nationalbibliothek verzeichnet diese Publikation in der Deutschen Nationalbibliografie; detaillierte bibliografische Daten sind im Internet über http://dnb.dnb.de abrufbar.

Softcover ISBN: 978-3-384-22584-9
Ebook ISBN: 978-3-384-22585-6

© 2024 by Lutz Spilker
Druck und Distribution im Auftrag des Autors:
tredition GmbH, An der Strusbek 10, 22926 Ahrensburg, Germany

Die im Buch verwendeten Grafiken entsprechen den
Nutzungsbestimmungen der Creative-Commons-Lizenzen (CC).

Inhalt

**Hier stimmt etwas nicht mit einem Regime,
das alle paar Jahre eine Pyramide von Leichen benötigt.**

George Orwell

(* 25. Juni 1903 in Motihari, Bihar, Britisch-Indien als Eric Arthur Blair; † 21.
Januar 1950 in London) war ein englischer Schriftsteller, Essayist und Journalist.

Vorwort

Die Pyramiden, insbesondere die ägyptischen, wurden – im Sinne einer plötzlichen Entdeckung oder einer schlagartigen Eingebung – nicht ›erfunden‹. Vielmehr entwickelte sich ihr Bau im Laufe der Zeit durch einen Prozess der evolutionären Architektur, der auf früheren Errungenschaften und Techniken basierte.

Die ägyptischen Pyramiden sind das Ergebnis einer langen Entwicklung in der ägyptischen Baukunst, die sich über Jahrhunderte hinweg entwickelte. Frühe Formen von Grabstätten in Ägypten waren Mastabas, flache, rechteckige Strukturen aus Lehmziegeln oder Stein, die über Gräbern gebaut wurden. Im Laufe der Zeit begannen die ägyptischen Baumeister, diese Strukturen zu erweitern und zu verbessern, was schließlich zu den monumentalen Pyramiden führte, wie wir sie heute kennen.

Der Bau von Pyramiden begann etwa um 2700 v. Chr. mit der Stufenpyramide von Djoser in Saqqara, entworfen von Imhotep, einem Architekten und Beamten des Pharaos Djoser. Diese frühen Pyramiden waren in erster Linie Grabmäler für die Pharaonen und dienten als Monumente für ihre ewige Herrschaft und ihr Andenken.

Dass die Bauweise der Pyramiden auf den Kenntnissen und Fähigkeiten der ägyptischen Baumeister und Handwerker beruhte, die im Laufe der Zeit verbessert und verfeinert wurden, darf keinesfalls verschwiegen werden. Die Errichtung solch monumentaler Bauwerke erforderte ein tiefes Verständnis von Mathematik, Ingenieurwesen und Logistik. Es war ein kolossales Unterfangen, das die Ressourcen eines ganzen Reiches mobilisierte.

Was die fehlenden menschlichen Überreste in den Pyramiden betrifft, so wurden die meisten ägyptischen Pyramiden in der Antike geplündert, lange bevor moderne Archäologen sie untersuchten. Die ursprünglichen Grabkammern in den Pyramiden wurden oft geplündert, und die Überreste der Pharaonen und ihrer Schätze wurden entfernt. Dennoch wurden in einigen Pyramiden Überreste gefunden, wenn auch nicht in dem Umfang, den man erwarten würde, was verschiedene Gründe haben könnte, einschließlich der Plünderungen im Laufe der Jahrtausende oder auch der Tatsache, dass nicht alle Pharaonen tatsächlich in den Pyramiden bestattet wurden.

Es gibt zunehmend Beweise dafür, dass die Arbeiter, die an diesen monumentalen Bauwerken beteiligt waren, eine Vielzahl von Hintergründen hatten und nicht ausschließlich Sklaven waren. Nicht korrekt ist demnach die vielverbreitete Ansicht, dass ausschließlich Sklaven am Bau der ägyptischen Pyramiden beteiligt waren. Heute wird diese Betrachtung von vielen Wissenschaftlern als ungenau angesehen. Vielmehr wird die Idee, dass die Arbeit an den Pyramiden dazu genutzt wurde, um

Schulden abzuarbeiten, als naheliegende Theorie von einigen Forschern unterstützt. Auch wird angenommen, dass ein Teil der ägyptischen Bevölkerung, insbesondere die Bauern während der jährlichen Überschwemmungen des Nils, gezwungen war, an öffentlichen Bauprojekten wie den Pyramiden mitzuarbeiten, um ihre Steuerschulden abzubezahlen oder ihre Arbeitspflichten gegenüber dem Staat zu erfüllen. Diese Theorie basiert auf verschiedenen historischen Aufzeichnungen und archäologischen Hinweisen, darunter Inschriften, die die Anwesenheit von Arbeitern verschiedener sozialer Schichten am Bau belegen.

Im Verlauf weiterer Kapitel wird näher auf folgende Umstände eingegangen:

- **Historischer Kontext**
- **Bedeutung und Vermächtnis**
- **Forschungsfragen und Debatten**

Das Bild der ägyptischen Gesellschaft und ihrer Arbeitskräfte am Bau der Pyramiden wird weiterhin erforscht. Es existieren unterschiedliche Theorien und Interpretationen, die diskutiert und debattiert werden. Die genaue soziale und wirtschaftliche Organisation der Arbeiterschaft am Bau der Pyramiden bleibt ein Thema intensiver Untersuchungen und Forschungen in der Ägyptologie und Archäologie.

Die Anfänge der ägyptischen Grabarchitektur

In den fruchtbaren Ufern des Nils entwickelte sich eine der faszinierendsten Zivilisationen der Menschheitsgeschichte: das alte Ägypten. Eine Schlüsselkomponente dieser Zivilisation war die Grabarchitektur, die sich im Laufe der Jahrtausende von bescheidenen Anfängen zu den majestätischen Pyramiden entwickelte, die heute noch die Landschaft prägen.

Die Notwendigkeit der Ewigkeit

Für die alten Ägypter war der Tod kein Ende, sondern der Beginn einer Reise ins Jenseits. Die Vorstellung vom Leben nach dem Tod prägte jeden Aspekt ihrer Kultur, einschließlich ihrer Grabarchitektur. Die Ägypter glaubten daran, dass die Seele des Verstorbenen weiterlebte und dass sie eine angemessene Ruhestätte benötigte, um den Übergang ins Jenseits zu vollziehen.

Die Frühzeit der Gräber

Die frühesten Gräber der alten Ägypter waren einfache Erdgruben, die mit Steinplatten bedeckt wurden, um den Leichnam vor wilden Tieren und Elementen zu schützen. Diese primitiven Gräber wurden mit einfachen Grabbeigaben wie Werkzeugen, Nahrungsmitteln und persönlichen Gegenständen des Verstorbenen ausgestattet, um ihm im Jenseits zu dienen.

Die Entwicklung der Mastabas

Mit der Zeit wurden die Gräber komplexer und erhielten eine feste Struktur. Die Mastaba*, ein flaches, rechteckiges Grabmal aus Lehmziegeln oder Stein, wurde zum Standardgrab für die Elite des alten Ägyptens. Mastabas waren mit Kapellen und Schächten ausgestattet und dienten als Gräber für einzelne Personen oder als Familienbegräbnisstätten.

---

* = Mastaba (arabisch مصطبة, DMG maṣṭaba ›Steinbank‹) ist ein nach dem ägyptisch-arabischen Wort für Bank benannter Typ von Grabbauten der altägyptischen Kultur. Geometrisch ist der Baukörper ein Pyramidenstumpf mit einem rechteckigen Grundriss, einer relativ niedrigen Höhe und schrägen Seitenwänden. Kunstgeschichtlich lassen sich Mastabas einer Entwicklungslinie zuordnen, die mit Elite-Gräbern der Thinitenzeit beginnt, im königlichen Bereich zum Bau der Pyramidengräber führt und im privaten Bereich erst am Ende der 12. Dynastie, etwa 1648 v. Chr., endet. Stufen dieser Entwicklung lassen sich unter anderem an Beispielen aus Abydos, Sakkara und Gizeh, aber auch an anderen Orten aufzeigen.
→ https://www.wikiwand.com/de/Mastaba

Die Bedeutung der Architektur

Die Architektur der Mastabas spiegelte die soziale Hierarchie und den Glauben der alten Ägypter wider. Je reicher und mächtiger eine Person war, desto aufwändiger und größer war ihr Grabmal. Mastabas wurden oft mit Reliefdarstellungen und

Inschriften verziert, die das Leben des Verstorbenen und seine Beziehung zu den Göttern darstellten.

Die Innovation von Imhotep

Ein Wendepunkt in der ägyptischen Grabarchitektur war die Arbeit von Imhotep, einem Architekten und Beamten des Pharaos Djoser. Imhotep entwarf die Stufenpyramide von Djoser in Saqqara, die als erste Pyramide Ägyptens gilt und einen entscheidenden Schritt in der Entwicklung der Grabarchitektur darstellte.

Zusammenfassung

Die Anfänge der ägyptischen Grabarchitektur waren geprägt von einem tiefen Glauben an das Leben nach dem Tod und einem Streben nach Ewigkeit. Von einfachen Erdgräbern bis hin zu den ersten Pyramiden war die Entwicklung dieser Grabarchitektur ein wichtiger Bestandteil der ägyptischen Kultur und Geschichte.

Die Frühzeit der Pyramiden: Entstehung der ersten Pyramide unter Djoser

Im alten Ägypten, während der 3. Dynastie, stand das Land unter der Herrschaft von Pharao Djoser. Dieser Herrscher, der im Laufe seiner Regierungszeit zahlreiche politische und kulturelle Reformen einleitete, beauftragte seinen talentierten Architekten und Berater Imhotep mit einem ehrgeizigen Bauprojekt: dem Bau einer monumentalen Grabstätte, die die traditionelle Grabarchitektur revolutionieren sollte.

Die Vision von Djoser

Pharao Djoser träumte von einem Grabmal, das nicht nur seine sterblichen Überreste beherbergen sollte, sondern auch ein Monument seiner unsterblichen Herrschaft und seines Ruhmes sein würde. Er beauftragte Imhotep damit, ein Grabmal zu entwerfen, das größer und beeindruckender sein sollte als alles, was zuvor in Ägypten erbaut worden war.

Die Stufenpyramide von Saqqara

Unter der Leitung von Imhotep begannen die Baumeister und Handwerker mit dem Bau des Grabmals in Saqqara, einer Nekropole in der Nähe von Memphis, der Hauptstadt des alten Ägyptens. Statt des traditionellen Mastaba-Grabs wählte Imhotep eine völlig neue und innovative Form: die Stufenpyramide.

Ein revolutionäres Design

Die Stufenpyramide von Djoser war ein architektonisches Meisterwerk, das die traditionelle Grabarchitektur völlig neu interpretierte. Sie bestand aus sechs gestaffelten Stufen, die zu einer Höhe von etwa 62 Metern aufragten und von einer glatten Kalksteinverkleidung bedeckt waren. Diese Pyramide war nicht nur das erste Bauwerk seiner Art, sondern auch das höchste Gebäude seiner Zeit.

Technische Herausforderungen und Innovationen

Der Bau der Stufenpyramide war eine enorme technische Herausforderung, die von Imhotep und seinem Team meisterhaft gemeistert wurde. Neue Bautechniken und Materialien wurden entwickelt, um die gewaltigen Steinblöcke zu transportieren und zu bearbeiten, darunter der Einsatz von Rampen, Hebeln und Rollen.

Das Erbe von Imhotep

Die Fertigstellung der Stufenpyramide von Djoser markierte nicht nur einen Höhepunkt in der Karriere von Imhotep, sondern auch einen Meilenstein in der Geschichte der ägyptischen Architektur. Imhoteps revolutionäres Design legte den Grundstein für die folgenden Generationen von Pyramidenbauern und inspirierte zahlreiche Nachfolger, die sein Erbe weiterführten.

Ein Vermächtnis für die Ewigkeit

Die Stufenpyramide von Djoser war nicht nur ein Grabmal für den Pharao, sondern auch ein Symbol seiner unsterblichen Herrschaft und seines kulturellen Erbes. Sie stand als Monument der Macht und des Stolzes des ägyptischen Volkes und sollte für die Ewigkeit Bestand haben, ein Vermächtnis, das auch heute noch die Besucher in Staunen versetzt.

Sneferus Pyramidenbau: Von der Stufenpyramide zur glatten Pyramide

Unter der Herrschaft von Pharao Sneferu, dem Vater des berühmten Cheops, erlebte die ägyptische Pyramidenarchitektur eine entscheidende Phase der Weiterentwicklung. Sneferu war ein äußerst ambitionierter Herrscher, der bestrebt war, seinen Namen durch monumentale Bauwerke zu verewigen. Zwei seiner bedeutendsten Bauprojekte, die Meidum-Pyramide und die Bent-Pyramide, markieren den Übergang von der Stufenpyramide zur glatten Pyramide.

Die Meidum-Pyramide: Ein frühes Experiment

Die Meidum-Pyramide, auch bekannt als die ›Stufenpyramide von Meidum‹, war Sneferus erste Pyramide und ein frühes Experiment in der Pyramidenarchitektur. Ursprünglich als Stufenpyramide geplant, wurde sie später zu einer glatten Pyramide umgebaut. Der Bau der Meidum-Pyramide war jedoch von zahlreichen Problemen und Herausforderungen geprägt, die zu einer unvollständigen Fertigstellung führten.

Die Geheimnisse der Meidum-Pyramide

Die Meidum-Pyramide ist berühmt für ihre einzigartige architektonische Struktur und ihre ungewöhnliche Form. Während der Bauphase wurden mehrere Änderungen am Design vorgenommen, was zu einem unregelmäßigen Erscheinungsbild führte. Trotz ihrer Unvollkommenheiten bleibt die Meidum-Pyramide ein faszinierendes Beispiel für die Experimentierfreudigkeit und Innovationskraft der ägyptischen Baumeister.

Die Bent-Pyramide: Ein Meisterwerk der Ingenieurskunst

Nach den Herausforderungen beim Bau der Meidum-Pyramide entschied sich Sneferu, ein neues Design für seine nächste Pyramide zu verwenden. Die Bent-Pyramide, auch als ›Südpyramide‹ bekannt, ist ein Meisterwerk der Ingenieurskunst und eines der bemerkenswertesten Bauwerke des alten Ägyptens. Ihr ungewöhnlicher Name rührt von der abgewinkelten Form ihrer Seitenflächen her, die einen architektonischen Höhepunkt darstellen.

Innovative Bautechniken und Konstruktionsmerkmale

Die Bent-Pyramide zeichnet sich durch ihre beeindruckenden Proportionen und ihre ausgeklügelte Konstruktion aus. Sneferu und seine Baumeister entwickelten innovative Bautechniken, um die Herausforderungen des Baus einer derart monumentalen Struktur zu bewältigen. Die abgewinkelte Form der Pyramide war ein technisches Wunderwerk und zeugt von der außergewöhnlichen Ingenieurskunst der alten Ägypter.

Ein Erbe für die Ewigkeit

Sneferus Pyramidenbau war nicht nur ein Ausdruck seiner Macht und seines Reichtums, sondern auch ein Vermächtnis für die Ewigkeit. Die Meidum-Pyramide und die Bent-Pyramide stehen als Zeugnisse für die kreative Brillanz und die technische Finesse der ägyptischen Baumeister und werden auch heute noch als Symbole des antiken Ägypten bewundert.

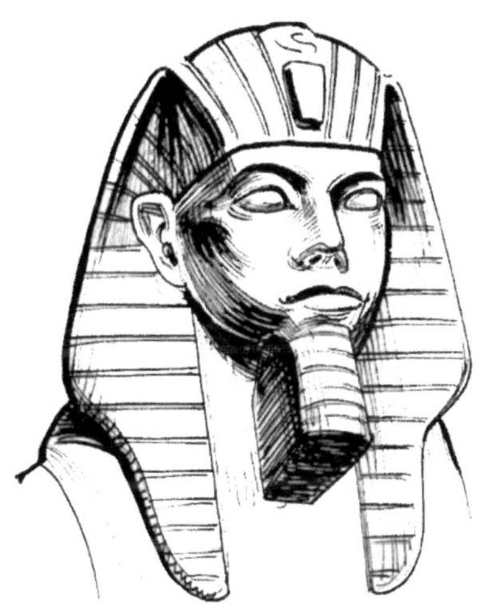

Die Glanzzeit der Pyramiden: Die Ära des Alten Reiches

Die Ära des Alten Reiches markiert den Höhepunkt der ägyptischen Zivilisation und ist berühmt für ihre monumentalen Pyramiden, insbesondere die Großen Pyramiden von Gizeh. Diese kolossalen Bauwerke sind nicht nur architektonische Meisterwerke, sondern auch Symbole für die Macht und den Reichtum der Pharaonen dieser Zeit.

Die Planung und Vorbereitung

Der Bau der Großen Pyramiden von Gizeh war das Ergebnis einer sorgfältigen Planung und Organisation. Unter der Leitung hochqualifizierter Architekten und Ingenieure begannen die Vorbereitungen mit der Auswahl des Bauplatzes und der Vermessung des Geländes. Die Bauherren mussten auch Materialien beschaffen und die benötigten Ressourcen mobilisieren, um dieses ehrgeizige Bauprojekt zu realisieren.

Die Arbeit der Steinmetze und Baumeister

Die eigentliche Konstruktion der Pyramiden erforderte die Arbeit von Tausenden von Handwerkern, Steinmetzen und Bauarbeitern. Diese hochqualifizierten Fachleute waren für den Abbau, die Bearbeitung und den Transport der massiven Steinblöcke verantwortlich, aus denen die Pyramiden gebaut wurden. Ihr Können und ihre Hingabe waren entscheidend für den Erfolg des Bauprojekts.

Die Techniken des Pyramidenbaus

Der Bau der Pyramiden war ein komplexer und zeitaufwändiger Prozess, der fortschrittliche Bautechniken und eine präzise Planung erforderte. Die Baumeister nutzten Rampen, Hebel und Rollen, um die schweren Steinblöcke anzuheben und aufeinander zu stapeln. Sie waren auch in der Lage, die genaue Ausrichtung und Ausmessung der Pyramiden zu gewährleisten, um sicherzustellen, dass sie den kosmischen Prinzipien entsprachen.

Die Bedeutung der Pyramiden

Die Großen Pyramiden von Gizeh waren nicht nur Grabmäler für die Pharaonen, sondern auch Symbole ihrer unsterblichen Herrschaft und ihres göttlichen Status. Sie dienten als Monumente der Macht und des Ruhmes, die die Größe und den Einfluss des ägyptischen Reiches der Welt verkündeten. Ihr Bau war ein Akt des Glaubens an die Unsterblichkeit und eine Huldigung an die Götter.

Die Großen Pyramiden von Gizeh sind bis heute eines der eindrucksvollsten archäologischen Wunder der Welt. Ihr Erbe lebt in den Herzen und Köpfen der Menschen fort, die von ihrer Größe, ihrer Schönheit und ihrer geheimnisvollen Aura fasziniert sind. Sie werden immer ein Symbol für die kreative Brillanz und die technische Meisterschaft des alten Ägypten bleiben.

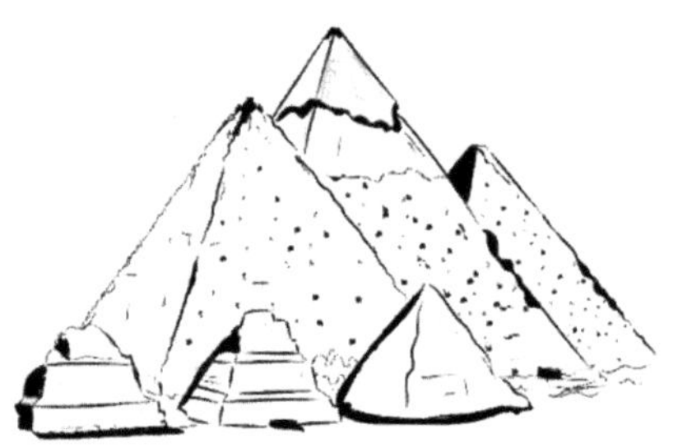

Die Sonnenpyramide von Abu Sir: Neuerungen im Pyramidenbau

Die Sonnenpyramide von Abu Sir steht als herausragendes Beispiel für die fortgeschrittenen architektonischen und technischen Innovationen, die während der 5. Dynastie im alten Ägypten Einzug hielten. Diese Pyramide, erbaut für Pharao Neferirkare, markiert einen Wendepunkt im Pyramidenbau und zeigt deutlich die Weiterentwicklung der Bautechniken und Konstruktionsmethoden.

Die Architektur der Sonnenpyramide

Die Sonnenpyramide von Abu Sir unterscheidet sich in vielerlei Hinsicht von ihren Vorgängern. Statt der traditionellen glatten Pyramidenstruktur verfügt sie über eine abgestufte Bauweise mit abgeschrägten Ebenen, die ihr ein markantes Aussehen verleihen. Diese architektonische Neuerung war ein Experiment, das die Grenzen des traditionellen Pyramidenbaus erweiterte und neue Möglichkeiten der Gestaltung aufzeigte.

Technische Innovationen und Bautechniken

Der Bau der Sonnenpyramide erforderte fortschrittliche Bautechniken und technische Innovationen. Die Baumeister mussten nicht nur die massiven Steinblöcke transportieren und bearbeiten, sondern auch komplexe Strukturen wie die abgestuften Ebenen der Pyramide konstruieren. Neue Werkzeuge und Methoden wurden entwickelt, um diese Herausforderungen zu bewältigen und den Bau voranzutreiben.

Die Bedeutung der Sonnenpyramide

Die Sonnenpyramide von Abu Sir war mehr als nur ein Grabmal für den Pharao. Sie war ein Symbol für seinen göttlichen Status und seine Herrschaft über das Land. Ihre einzigartige Architektur und ihre technischen Innovationen zeugten von der kreativen Brillanz und der technischen Finesse der ägyptischen Baumeister und dienten als Inspiration für zukünftige Generationen von Pyramidenbauern.

Ein Erbe für die Zukunft

Die Sonnenpyramide von Abu Sir steht als Vermächtnis für die Fortschritte und Errungenschaften des alten Ägypten. Ihr Erbe lebt weiter in den Herzen und Köpfen der Menschen, die von ihrer Schönheit, ihrer Größe und ihrer historischen Bedeutung fasziniert sind. Sie wird immer ein Symbol für die unermüdliche Suche nach Wissen und Innovation sein, die das antike Ägypten auszeichnete.

Die Entwicklung der Pyramidentexte

Die Pyramiden Ägyptens waren nicht nur beeindruckende Bauwerke, sondern auch reich an Inschriften und Hieroglyphen, die einen Einblick in die religiösen, kulturellen und spirituellen Überzeugungen der alten Ägypter bieten. Die Entwicklung dieser Pyramidentexte ist ein faszinierendes Kapitel in der Geschichte der ägyptischen Zivilisation und spiegelt die Veränderungen und Entwicklungen in der ägyptischen Gesellschaft wider.

Frühe Pyramidentexte:

Schutzformeln und Segenssprüche

Die frühesten Pyramidentexte waren Schutzformeln und Segenssprüche, die dazu dienten, den verstorbenen Pharao auf seiner Reise ins Jenseits zu begleiten und ihn vor Gefahren zu bewahren. Diese Texte wurden auf den Wänden der Grabkammern und Korridore der Pyramiden angebracht und enthielten Gebete und Beschwörungen an die Götter, die den Pharaonen Schutz und Hilfe gewähren sollten.

Entwicklung zu komplexeren Texten:

Totenbuch und religiöse Lehren

Im Laufe der Zeit entwickelten sich die Pyramidentexte zu komplexeren und elaborierteren Texten, die eine Vielzahl von Themen behandeln, darunter das Leben nach dem Tod, das Gericht im Jenseits und die Reise der Seele durch die Duat, die Unterwelt. Diese Texte wurden oft als Totenbuch bezeichnet und enthielten detaillierte Anweisungen und Ratschläge für den verstorbenen Pharao, wie er sich auf seine Reise ins Jenseits vorbereiten sollte.

Symbolik und Bedeutung der Hieroglyphen

Die Hieroglyphen, die in den Pyramiden eingeschrieben waren, waren nicht nur Schriftzeichen, sondern auch Symbole mit tiefer religiöser und spiritueller Bedeutung. Sie repräsentierten göttliche Kräfte und Prinzipien und wurden verwendet, um die Macht und den Schutz der Götter herbeizurufen. Die Verwendung von Hieroglyphen in den Pyramiden war eine künstlerische und symbolische Darstellung der ägyptischen Weltanschauung und ihres Glaubens an das Leben nach dem Tod.

Kontinuität und Veränderung

Die Pyramidentexte spiegeln die Kontinuität und Veränderung in der ägyptischen Religion und Kultur wider. Obwohl viele der grundlegenden Überzeugungen und Lehren über Jahrhunderte hinweg konstant blieben, entwickelten sich die

Texte im Laufe der Zeit weiter und wurden an die jeweiligen religiösen und politischen Gegebenheiten angepasst. Trotz dieser Veränderungen blieb die grundlegende Botschaft der Pyramidentexte unverändert: die Vorstellung von einem Leben nach dem Tod und die Hoffnung auf Unsterblichkeit für den verstorbenen Pharao.

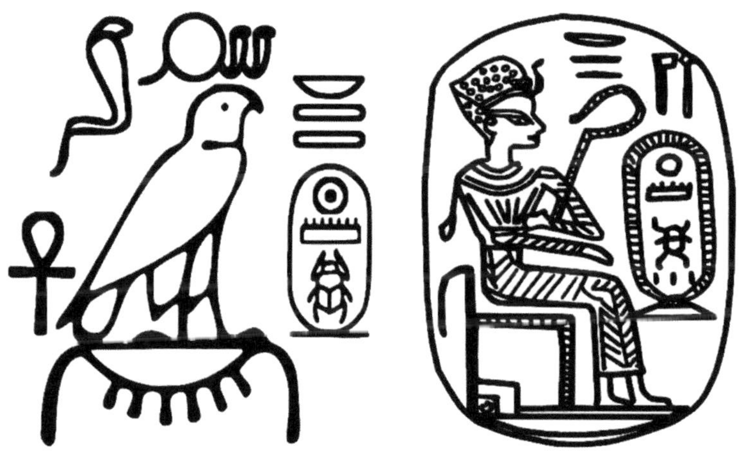

Die Pyramiden von Dahschur: Experimente und Misserfolge

Die Pyramiden von Dahschur, südlich von Kairo gelegen, sind berühmt für ihre experimentellen Bauformen und markieren eine Phase der Fehlschläge und Weiterentwicklungen im Pyramidenbau während des Alten Reiches Ägyptens. Diese Pyramiden zeugen von den Herausforderungen und Schwierigkeiten, mit denen die Baumeister konfrontiert waren, als sie versuchten, neue architektonische Konzepte umzusetzen.

Die Knickpyramide:

Ein mutiger Versuch

Die Knickpyramide, auch als Rhombenpyramide bekannt, ist eines der bemerkenswertesten Bauwerke von Dahschur. Ihr ungewöhnlicher Name rührt von der abgewinkelten Form ihrer Seitenflächen her, die einen deutlichen Knick aufweisen. Diese unkonventionelle Bauweise war ein mutiger Versuch, die traditionelle Pyramidenform zu variieren und neue ästhetische und konstruktive Möglichkeiten zu erkunden.

Herausforderungen und Fehlschläge

Der Bau der Knickpyramide war jedoch von zahlreichen Herausforderungen und Fehlschlägen geprägt. Die Baumeister

32

kämpften mit technischen Problemen und Schwierigkeiten beim Bau der abgewinkelten Struktur. Trotz ihrer Bemühungen gelang es nicht, die Pyramide wie geplant fertigzustellen, und das Bauwerk blieb unvollendet.

Die Rote Pyramide:

Ein Wendepunkt

Die Rote Pyramide, auch als Nordpyramide bekannt, war ein weiteres Experiment im Pyramidenbau von Dahschur. Sie war die erste erfolgreiche glatte Pyramide, die in Ägypten gebaut wurde, und markierte einen Wendepunkt in der Entwicklung der Pyramidenarchitektur. Ihr Bau war ein Meilenstein in der Geschichte des ägyptischen Bauwesens und demonstrierte die Fortschritte und Innovationen, die in diesem Bereich erzielt wurden.

Erkenntnisse und Lehren

Trotz der Fehlschläge und Herausforderungen bei der Konstruktion der Pyramiden von Dahschur waren sie von großer Bedeutung für die Weiterentwicklung der ägyptischen Baukunst. Die Baumeister gewannen wichtige Erkenntnisse aus ihren Experimenten und lernten aus ihren Fehlern. Diese Erfahrungen trugen dazu bei, die Techniken und Methoden des Pyramidenbaus zu verfeinern und legten den Grundstein für die Errichtung noch eindrucksvollerer Bauwerke in späteren Epochen der ägyptischen Geschichte.

Die Pyramidenkomplexe: Tempel und Grabbauten

Die Pyramiden Ägyptens waren nicht nur imposante Grabmäler für die Pharaonen, sondern bildeten auch komplexe Anlagen, die verschiedene architektonische Elemente umfassten und eine Vielzahl von Funktionen erfüllten. Die Pyramidenkomplexe bestanden aus mehreren Gebäuden und Strukturen, darunter Tempel, Grabbauten, und umgebende Anlagen, die eine wichtige Rolle im religiösen und kulturellen Leben des alten Ägypten spielten.

Der Totentempel:

Ort der Verehrung und Opfergaben

Ein zentraler Bestandteil der Pyramidenkomplexe war der Totentempel, der dem verstorbenen Pharao gewidmet war und als Ort der Verehrung und Opfergaben diente. Diese Tempel waren prächtige Bauwerke mit Säulenhallen, Altären und Statuen, die dem Pharao und den Göttern gewidmet waren. Hier wurden rituelle Zeremonien abgehalten und Opfergaben dargebracht, um die Gunst der Götter zu erlangen und den verstorbenen Pharao im Jenseits zu unterstützen.

Die Pyramidenkapellen:

Orte der religiösen Verehrung

Neben den Totentempeln enthielten die Pyramidenkomplexe auch kleine Kapellen, die für religiöse Zeremonien und Rituale genutzt wurden. Diese Kapellen waren mit Hieroglyphen und Reliefs geschmückt, die die Taten und Errungenschaften des Pharaos verherrlichten und seine göttliche Herrschaft über das Land bezeugten. Sie dienten auch als Orte der Gebete und Verehrung für die Priester und Gläubigen, die den verstorbenen Pharao ehren wollten.

Die Pyramiden und ihre Umgebung:

Integration in die Landschaft

Die Pyramidenkomplexe waren nicht nur isolierte Bauwerke, sondern wurden geschickt in die umliegende Landschaft integriert. Sie wurden oft auf erhöhten Plateaus oder inmitten von ausgedehnten Grabanlagen errichtet, die eine symbolische Verbindung zwischen Himmel und Erde herstellten. Die Umgebung der Pyramiden war sorgfältig gestaltet und mit Alleen, Gärten und Wasserbecken versehen, die eine friedliche und harmonische Atmosphäre schufen.

Das Erbe der Pyramidenkomplexe:

Einblicke in die ägyptische Kultur

Die Pyramidenkomplexe sind bis heute faszinierende Zeugnisse der ägyptischen Kultur und Zivilisation. Sie bieten Einblicke in die religiösen, kulturellen und technischen Errungenschaften des alten Ägypten und zeigen die Bedeutung, die der Verehrung der Götter und der Ehrung der Pharaonen im Leben der alten Ägypter zukam. Ihr Erbe lebt weiter in den Herzen und Köpfen der Menschen, die von ihrer Schönheit, ihrer Größe und ihrer historischen Bedeutung fasziniert sind.

Die Späte Zeit des Alten Reiches: Rückgang der Pyramidenbautätigkeit

Das Ende der Pyramidenepoche im Alten Reich Ägyptens war gekennzeichnet durch einen deutlichen Rückgang der Aktivitäten im Pyramidenbau. Diese Phase der ägyptischen Geschichte war von politischen Unruhen, wirtschaftlichen Herausforderungen und sozialen Veränderungen geprägt, die sich negativ auf den Bau neuer Pyramiden auswirkten.

Politische Instabilität und Machtkämpfe

Während der Späten Zeit des Alten Reiches war Ägypten mit politischer Instabilität und Machtkämpfen konfrontiert. Die zentrale Regierung verlor zunehmend an Autorität, während regionale Herrscher und Gouverneure mehr Autonomie erlangten. Diese Zersplitterung der Machtstrukturen führte zu einem Rückgang der staatlichen Unterstützung für Großprojekte wie den Pyramidenbau.

Wirtschaftliche Herausforderungen und Ressourcenknappheit

Die wirtschaftliche Situation im Alten Reich verschlechterte sich während dieser Zeit ebenfalls. Der Handel mit anderen Ländern brach ein, und die Ressourcen des Reiches wurden knapper. Der Bau von Pyramiden erforderte enorme Mengen an Arbeitskräften, Materialien und finanziellen Mitteln, die in Zeiten wirtschaftlicher Not schwer aufzubringen waren. Die physischen und finanziellen Ressourcen des Staates waren erschöpft, was den Bau neuer Pyramiden behinderte.

Soziale Veränderungen und Aufstände

Darüber hinaus kam es zu sozialen Unruhen und Aufständen gegen die herrschende Klasse. Die Bevölkerung revoltierte gegen die zunehmende Besteuerung und Ausbeutung durch die Oberschicht, was zu einer weiteren Schwächung der zentralen Regierung und zu einem Rückgang der staatlichen Kontrolle über das Land führte. Diese sozialen Unruhen trugen dazu bei, den Bau neuer Pyramiden zu verzögern oder sogar zu verhindern.

Das Ende einer Ära

Insgesamt führten politische, wirtschaftliche und soziale Faktoren zum Rückgang der Pyramidenbautätigkeit am Ende des Alten Reiches. Die Ära der monumentalen Pyramiden als Ausdruck königlicher Macht und Herrschaft neigte sich dem Ende zu, und neue Herrscher und Dynastien würden andere Bauprojekte und Monumente bevorzugen, um ihre Autorität und Legitimität zu festigen. Die Zeit der Pyramiden als Symbol für die ägyptische Zivilisation war vorbei, aber ihr Erbe würde weiterleben und die Phantasie und Bewunderung der Menschen für Jahrhunderte und Jahrtausende beeinflussen.

Die Pyramiden des Mittleren Reiches: Neuaufnahme des Pyramidenbaus

Die Zeit des Mittleren Reiches markierte eine Phase der Wiederbelebung des Pyramidenbaus in Ägypten nach dem Rückgang der Aktivitäten am Ende des Alten Reiches. Unter den Herrschern Mentuhotep II. und Amenemhet I. erlebte der Pyramidenbau eine Renaissance, die neue Impulse für die ägyptische Baukunst und Kultur setzte.

Mentuhotep II.:

Einigung Ägyptens und Wiederbelebung des Pyramidenbaus
Mentuhotep II., auch bekannt als Nebhepetre Mentuhotep, regierte während der 11. Dynastie Ägyptens und gilt als der Herrscher, der das Land nach einer Periode der Fragmentierung und Unruhe wiedervereinigte. Unter seiner Führung begann eine neue Ära des Wohlstands und der Stabilität, die es ermöglichte, den Pyramidenbau wieder aufzunehmen. Mentuhotep II. ordnete den Bau einer Pyramide in Deir el-Bahari an, die als Grabmal für ihn dienen sollte. Diese Pyramide war ein Symbol für die Stärke und Autorität des wiedervereinigten Ägyptens unter seiner Herrschaft.

Amenemhet I.:

Innovationen im Pyramidenbau

Amenemhet I., der Gründer der 12. Dynastie Ägyptens, setzte die Tradition des Pyramidenbaus fort und führte dabei auch innovative Neuerungen ein. Seine Pyramide in el-Lischt, südlich von Kairo gelegen, war ein Meisterwerk der ägyptischen Baukunst und zeigte technische Fortschritte im Pyramidenbau. Amenemhet I. verwendete neue Baumaterialien und Konstruktionsmethoden, um stabile und dauerhafte Bauwerke zu errichten, die auch nach seinem Tod Bestand haben würden.

Die Bedeutung des Pyramidenbaus im Mittleren Reich

Die Wiederbelebung des Pyramidenbaus im Mittleren Reich hatte weitreichende kulturelle, politische und religiöse Auswirkungen auf Ägypten. Die Pyramiden dienten weiterhin als Grabstätten für die Pharaonen, aber sie waren auch Symbole für die Macht und Autorität des Herrschers sowie für die Stabilität und den Wohlstand des Reiches. Der Pyramidenbau war eng mit der ägyptischen Religion und Kosmologie verbunden und spielte eine wichtige Rolle im Glauben und im Leben des ägyptischen Volkes.

Das Erbe des Mittleren Reiches im Pyramidenbau

Die Pyramiden des Mittleren Reiches hinterließen ein bleibendes Erbe in der ägyptischen Baukunst und Architektur. Ihre monumentalen Bauwerke zeugen von der technischen und künstlerischen Meisterschaft der ägyptischen Baumeister und von der kulturellen und politischen Bedeutung des Pyramidenbaus im antiken Ägypten. Obwohl die Pyramiden des Mittleren Reiches nicht die gleiche Größe und Pracht wie ihre Vorgänger im Alten Reich erreichten, trugen sie dennoch dazu bei, die Tradition des Pyramidenbaus am Leben zu erhalten und die ägyptische Kultur zu prägen.

Die Lauernde Pyramide:
Die Bauten von Hawara

Die Hawara-Pyramide, auch als Pyramide von Amenemhet III. bekannt, ist eines der faszinierendsten Bauwerke des Alten Ägypten und wirft bis heute zahlreiche Fragen auf. Gelegen im Nildelta, südlich von Kairo, wurde diese Pyramide während der 12. Dynastie Ägyptens unter der Herrschaft von Pharao A-menemhet III. erbaut. Doch trotz intensiver Untersuchungen und Forschungen bleiben viele Aspekte ihrer Funktion und Bedeutung ein Rätsel.

Die Architektur der Hawara-Pyramide

Die Hawara-Pyramide war ursprünglich von einer glatten Au-ßenhülle aus Kalkstein umgeben, die ihr ein glänzendes Ausse-hen verlieh. Im Inneren befand sich ein komplexes System von Gängen, Kammern und Korridoren, das den Zugang zur Grabkammer des Pharaos ermöglichte. Die Pyramide war von einem umfangreichen Grabbezirk umgeben, der Tempel, Wohnquartiere und administrative Gebäude umfasste.

Die Rätsel um ihre Funktion

Trotz intensiver Studien und Untersuchungen sind viele Fragen zur Funktion und Bedeutung der Hawara-Pyramide noch immer unbeantwortet. Einige Forscher spekulieren, dass die

Pyramide nicht nur als Grabmal für Amenemhet III. diente, sondern möglicherweise auch eine religiöse oder astronomische Funktion hatte. Es gibt Hinweise darauf, dass die Anordnung der Gänge und Kammern im Inneren der Pyramide mit bestimmten astronomischen Phänomenen in Verbindung stehen könnte, was darauf hindeuten könnte, dass die Pyramide für rituelle oder astronomische Zwecke genutzt wurde.

Die Suche nach Antworten

Die Suche nach Antworten auf die Rätsel der Hawara-Pyramide dauert an, und Archäologen und Forscher setzen ihre Bemühungen fort, um mehr über dieses faszinierende Bauwerk zu erfahren. Neue Entdeckungen und technologische Fortschritte könnten möglicherweise Licht in die Dunkelheit bringen und uns dabei helfen, die Geheimnisse der Hawara-Pyramide zu entschlüsseln. Bis dahin bleibt sie ein faszinierendes und mysteriöses Denkmal der ägyptischen Zivilisation, das uns immer wieder neue Fragen stellt und unsere Neugierde aufrechterhält.

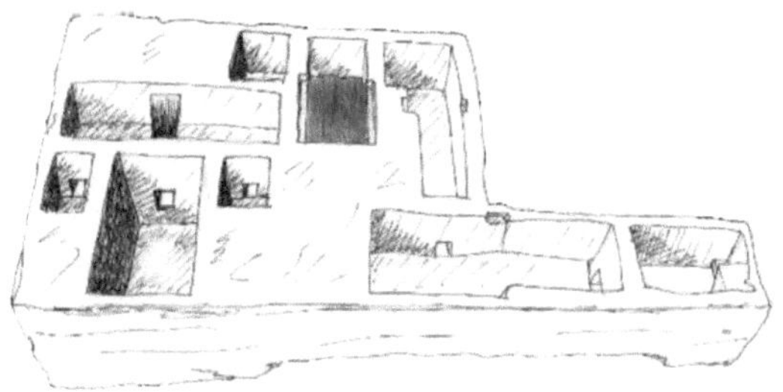

Maquette des infrastructures de la pyramide de Hawara (trouvée dans le sol du complexe funéraire de amenemhat III à Dahchour). 2007 by MONNIER Franck

Die Pyramiden des Neuen Reiches: Rückkehr zu alten Traditionen

Das Neue Reich Ägyptens, das etwa von 1550 v. Chr. bis 1077 v. Chr. dauerte, war eine Zeit der Wiederbelebung und Erneuerung der ägyptischen Kultur und Zivilisation. Während dieser Periode wurden auch traditionelle Baustile und -techniken des Pyramidenbaus wieder aufgegriffen, wenn auch mit einigen Variationen und Anpassungen an die zeitgenössischen Bedürfnisse und Vorlieben der Herrscher.

Die Pyramiden von Amenhotep III. in Theben

Amenhotep III., einer der bedeutendsten Herrscher des Neuen Reiches, ließ im ägyptischen Theben eine beeindruckende Anzahl von Bauwerken errichten, darunter auch Pyramiden. Diese Pyramiden, obwohl nicht so monumental wie diejenigen des Alten Reiches, spiegeln dennoch die traditionelle Bauweise wider. Sie dienten wahrscheinlich als Gräber für königliche Familienmitglieder und Hofbeamte und waren Teil eines größeren Grabkomplexes, der Tempel, Schreine und Nekropolen umfasste.

Die Pyramiden von Ramses II. in Abydos

Ramses II., einer der berühmtesten Pharaonen des Neuen Reiches, ließ ebenfalls Pyramiden errichten, die seine Macht und Herrschaft symbolisieren sollten. Die Pyramiden von Ramses II. in Abydos waren jedoch eher symbolische Denkmäler als tatsächliche Grabstätten. Sie waren Teil eines größeren religiösen Komplexes, der dem Kult der ägyptischen Götter gewidmet war und dienten als monumentale Strukturen, um die Göttlichkeit des Pharaos zu betonen.

Die symbolische Bedeutung der Pyramiden im Neuen Reich

Während des Neuen Reiches hatten die Pyramiden eine symbolische Bedeutung, die über ihre ursprüngliche Funktion als Grabstätten hinausging. Sie waren Symbole für die Macht und Autorität des Pharaos sowie für die Kontinuität der ägyptischen Zivilisation und ihrer kulturellen Traditionen. Obwohl die Pyramidenbautätigkeit während des Neuen Reiches nicht die gleiche Intensität wie während des Alten Reiches hatte, trugen diese Bauwerke dennoch dazu bei, die ägyptische Identität zu festigen und die Herrschaft der Pharaonen zu legitimieren.

Das Erbe der Pyramiden im Neuen Reich

Die Pyramiden des Neuen Reiches mögen nicht die gleiche monumentale Größe wie ihre Vorgänger im Alten Reich gehabt haben, aber ihr Erbe und ihre Bedeutung für die ägyptische Kultur und Geschichte waren dennoch von großer Bedeutung. Sie sind Teil eines reichen archäologischen Erbes, das weiterhin unser Verständnis von der Geschichte und Kultur des antiken Ägypten bereichert und unsere Faszination für die Pyramiden als symbolische und architektonische Meisterwerke lebendig hält.

Die Pyramiden der Dritten Zwischenzeit: Nachwirkungen der alten Traditionen

Die Dritte Zwischenzeit Ägyptens, die etwa von 1069 v. Chr. bis 664 v. Chr. dauerte, war eine Periode politischer Instabilität und kultureller Veränderungen. Trotz dieser Turbulenzen wurden die alten Traditionen des Pyramidenbaus weiterhin gepflegt, wenn auch in modifizierter Form, unter den Herrschern dieser Zeit.

Die Pyramiden von Tanis

Tanis, eine bedeutende Stadt im Nildelta, war während der Dritten Zwischenzeit ein wichtiger politischer und kultureller Knotenpunkt. Unter den Herrschern dieser Periode wurden hier Pyramiden errichtet, die als Gräber für die Pharaonen und ihre Familien dienten. Diese Pyramiden, obwohl kleiner und weniger prächtig als ihre Vorgänger im Alten und Neuen Reich, spiegelten dennoch die traditionelle Bauweise wider und waren Teil eines größeren Grabkomplexes, der Tempel, Schreine und Nekropolen umfasste.

Die Pyramiden von Sais

Sais, eine weitere bedeutende Stadt in Ägypten während der Dritten Zwischenzeit, war ebenfalls ein Zentrum des Pyramidenbaus. Unter den Herrschern dieser Zeit wurden hier Pyramiden errichtet, die sowohl als Gräber als auch als religiöse Denkmäler dienten. Diese Pyramiden waren oft mit Inschriften und Reliefs geschmückt, die die Taten und Herrschaft der Pharaonen verherrlichten und ihre göttliche Legitimität betonten.

Die Bedeutung der Pyramiden in der Dritten Zwischenzeit

Während der Dritten Zwischenzeit behielten die Pyramiden trotz politischer Umwälzungen und kultureller Veränderungen ihre symbolische und religiöse Bedeutung bei. Sie waren weiterhin Symbole für die Macht und Autorität der Pharaonen und dienten als Verbindung zwischen den irdischen Herrschern und den göttlichen Kräften. Obwohl die Pyramidenbautätigkeit während dieser Periode nicht die gleiche Intensität wie in früheren Epochen hatte, trugen diese Bauwerke dennoch dazu bei, die kulturelle Kontinuität Ägyptens zu bewahren und die Traditionen des Pyramidenbaus am Leben zu erhalten.

Das Erbe der Pyramiden in der Dritten Zwischenzeit

Die Pyramiden der Dritten Zwischenzeit mögen nicht die gleiche Größe und Pracht wie ihre Vorgänger gehabt haben, aber sie sind dennoch wichtige Zeugnisse der ägyptischen Kultur und Geschichte. Ihr Erbe, sowohl materiell als auch symbolisch, ist Teil des reichen kulturellen Erbes Ägyptens und trägt dazu bei, unser Verständnis von der Geschichte und Kultur des antiken Ägypten zu vertiefen.

Die Pyramiden der Spätzeit: Die letzten Vertreter einer alten Tradition

Die Spätzeit Ägyptens, die etwa von 664 v. Chr. bis 332 v. Chr. dauerte, war eine Zeit dramatischer Veränderungen und politischer Unruhen. Trotz dieser Umwälzungen wurden die alten Traditionen des Pyramidenbaus während dieser Periode fortgesetzt, wenn auch in bescheidenerem Maße und mit einigen Variationen.

Die Pyramiden von Saqqara

Saqqara, eine Nekropole in der Nähe von Memphis, blieb auch während der Spätzeit ein wichtiges Zentrum des Pyramidenbaus. Unter den Herrschern dieser Zeit wurden hier Pyramiden errichtet, die als Gräber für die Pharaonen und ihre Familien dienten. Diese Pyramiden waren oft kleiner und einfacher als ihre Vorgänger im Alten und Neuen Reich, aber sie spiegelten dennoch die traditionelle Bauweise wider und waren Teil eines größeren Grabkomplexes, der Tempel, Schreine und Nekropolen umfasste.

Die Pyramiden von El-Kurru

El-Kurru, eine Nekropole im heutigen Sudan, war ebenfalls ein Ort des Pyramidenbaus während der Spätzeit. Hier wurden Pyramiden errichtet, die als Gräber für die nubischen Könige und ihre Familien dienten. Diese Pyramiden waren oft kleiner und simpler als ihre ägyptischen Gegenstücke, aber sie waren dennoch wichtige Symbole für die Macht und Autorität der nubischen Herrscher.

Die Bedeutung der Pyramiden in der Spätzeit

Während der Spätzeit behielten die Pyramiden trotz politischer Unruhen und kultureller Veränderungen ihre symbolische und religiöse Bedeutung bei. Sie waren weiterhin Symbole für die Macht und Autorität der Herrscher und dienten als Gräber für ihre Familien und Hofbeamten. Obwohl die Pyramidenbautätigkeit während dieser Periode nicht die gleiche Intensität wie in früheren Epochen hatte, trugen diese Bauwerke dennoch dazu bei, die kulturelle Kontinuität Ägyptens zu bewahren und die Traditionen des Pyramidenbaus fortzusetzen.

Das Erbe der Pyramiden in der Spätzeit

Die Pyramiden der Spätzeit mögen nicht die gleiche Pracht und Größe wie ihre Vorgänger gehabt haben, aber sie sind dennoch wichtige Zeugnisse der ägyptischen Kultur und Geschichte. Ihr Erbe, sowohl materiell als auch symbolisch, ist Teil des reichen kulturellen Erbes Ägyptens und trägt dazu bei, unser Verständnis von der Geschichte und Kultur des antiken Ägypten zu vertiefen.

Die Entdeckung der Pyramiden: Europäische Expeditionen und archäologische Forschungen

Europäische Expeditionen und archäologische Forschungen haben einen bedeutenden Beitrag zur Entdeckung und Erforschung der ägyptischen Pyramiden geleistet. Diese Expeditionen, die im 19. und frühen 20. Jahrhundert stattfanden, trugen maßgeblich dazu bei, das Wissen über die Pyramiden zu erweitern und die Geheimnisse ihres Baus und ihrer Bedeutung zu entschlüsseln.

Die Anfänge der Erforschung

Die Entdeckung der ägyptischen Pyramiden durch europäische Forscher begann im späten 18. Jahrhundert und gewann im 19. Jahrhundert an Fahrt. Eine der frühesten Expeditionen war die von Napoleon Bonaparte nach Ägypten im Jahr 1798, die eine Fülle von Informationen über die ägyptische Kultur und Geschichte lieferte, darunter auch die Pyramiden. Diese Expedition weckte das Interesse Europas an der ägyptischen Antike und löste eine Welle von archäologischen Untersuchungen und Expeditionen aus.

Die Rolle europäischer Archäologen und Forscher

Europäische Archäologen und Forscher spielten eine entscheidende Rolle bei der Erforschung und Dokumentation der ägyptischen Pyramiden. Namen wie Howard Carter, Gustave Jéquier, Flinders Petrie und viele andere sind untrennbar mit der Geschichte der Entdeckung und Erforschung der Pyramiden verbunden. Durch ihre Arbeit wurden zahlreiche Pyramiden vermessen, kartiert und ausgegraben, und wichtige Erkenntnisse über ihre Konstruktion, Funktion und Bedeutung gewonnen.

Die Entschlüsselung der Hieroglyphen

Eine der bedeutendsten Errungenschaften europäischer Forscher war die Entschlüsselung der ägyptischen Hieroglyphen, die es ermöglichte, Inschriften und Reliefs in den Pyramiden zu lesen und zu verstehen. Die Entzifferung der Hieroglyphen durch Jean-François Champollion im Jahr 1822 war ein Meilenstein in der Ägyptologie und öffnete die Tür zu einem tieferen Verständnis der ägyptischen Kultur und Geschichte.

Die europäischen Expeditionen und archäologischen Forschungen haben wesentlich zum Verständnis der ägyptischen Pyramiden beigetragen und das Wissen über sie erheblich erweitert. Durch ihre Arbeit wurden viele Geheimnisse der Pyramiden gelüftet und ihre Bedeutung als kulturelles Erbe der Menschheit gewürdigt. Die Ergebnisse dieser Expeditionen haben nicht nur unser Verständnis der ägyptischen Geschichte und Kultur vertieft, sondern auch zur Bewahrung und Erhaltung der Pyramiden beigetragen, damit sie auch für zukünftige Generationen erhalten bleiben.

Die Pyramiden im Licht der Archäologie: Moderne Untersuchungsmethoden

Moderne archäologische Untersuchungsmethoden haben einen tiefen Einblick in die Geheimnisse der ägyptischen Pyramiden ermöglicht. Diese Fortschritte in der archäologischen Forschung haben dazu beigetragen, unser Verständnis der Pyramiden zu vertiefen und neue Erkenntnisse über ihre Konstruktion, Funktion und Bedeutung zu gewinnen.

Geophysikalische Untersuchungen

Eine der wichtigsten Methoden, um die verborgenen Geheimnisse der Pyramiden zu enthüllen, sind geophysikalische Untersuchungen. Durch den Einsatz von Technologien wie Bodenradar, Magnetometer und geoelektrische Verfahren können Archäologen verborgene Strukturen unter der Oberfläche erkennen und kartieren. Diese Techniken haben bereits zu aufschlussreichen Entdeckungen geführt, darunter bislang unbekannte Kammern und Gänge in den Pyramiden.

3D-Scanning und Modellierung

Moderne 3D-Scanning- und Modellierungstechniken ermöglichen es, präzise digitale Rekonstruktionen der Pyramiden und ihrer Umgebung zu erstellen. Durch diese Technologien können Archäologen die Struktur und Geometrie der Pyramiden detailliert analysieren und virtuelle Touren durch die Bauwerke erstellen. Dies eröffnet neue Möglichkeiten für die Forschung und die Vermittlung der Ergebnisse an ein breiteres Publikum.

Chemische und physikalische Analyse

Chemische und physikalische Analysen von Baumaterialien, Farben und Inschriften in den Pyramiden liefern wichtige Informationen über ihre Herkunft, Zusammensetzung und Verwendung. Durch die Untersuchung von Proben können Archäologen Rückschlüsse auf die Bautechniken, die Lebensbedingungen der Arbeiter und die kulturellen Praktiken der antiken Ägypter ziehen. Diese Analysen tragen dazu bei, ein umfassenderes Bild von den Pyramiden und ihrer Bedeutung zu zeichnen.

Interdisziplinäre Zusammenarbeit

Die moderne archäologische Forschung profitiert zunehmend von interdisziplinärer Zusammenarbeit mit Experten aus anderen Fachgebieten wie Geologie, Physik, Ingenieurwesen und Informatik. Durch den Austausch von Wissen und Methoden können Archäologen neue Einsichten gewinnen und komplexe Fragen über die Pyramiden beantworten, die früher unzugänglich waren.

Die Fortschritte in der archäologischen Forschung und die Anwendung moderner Untersuchungsmethoden haben unser Verständnis der ägyptischen Pyramiden revolutioniert. Durch den Einsatz hochentwickelter Technologien und interdisziplinärer Ansätze können Archäologen neue Erkenntnisse über die Pyramiden gewinnen und die Rätsel ihrer Konstruktion und Bedeutung weiter entschlüsseln. Diese Forschung trägt dazu bei, das kulturelle Erbe Ägyptens zu bewahren und zu verstehen, und ermöglicht es uns, die faszinierende Geschichte der Pyramiden weiter zu erforschen.

Die Pyramiden und ihre Bedeutung in der ägyptischen Religion

Die ägyptischen Pyramiden sind nicht nur imposante Bauwerke, sondern auch tief mit der ägyptischen Religion verbunden. Die religiösen Konzepte und Vorstellungen spielten eine entscheidende Rolle bei der Inspiration und dem Bau dieser monumentalen Strukturen.

Die Pyramide als Aufstiegs- und Wiedergeburtssymbol

In der ägyptischen Religion wurde die Pyramide als Symbol für den Aufstieg der Seele nach dem Tod und für die Wiedergeburt im Jenseits betrachtet. Die Form der Pyramide repräsentierte den Strahlengang der Sonne und wurde mit dem göttlichen Licht assoziiert, das den Verstorbenen den Weg ins Reich der Götter ebnete.

Verbindung zum Sonnenkult

Der Bau der Pyramiden war eng mit dem ägyptischen Sonnenkult verbunden. Die ägyptischen Pharaonen wurden als göttliche Könige betrachtet, die mit der Sonne und anderen Himmelskörpern verbunden waren. Die Pyramiden dienten als monumentale Tempel, um die Macht und Herrschaft des Pharaos über das Land und seine Beziehung zu den Göttern zu manifestieren.

Die Rolle der Götter

Die ägyptischen Götter spielten eine zentrale Rolle im Pyramidenbau. Verschiedene Götter wurden mit den Pyramiden in Verbindung gebracht, darunter Re, der Sonnengott, Osiris, der Gott der Unterwelt und der Toten, sowie Hathor, die Göttin der Liebe und Fruchtbarkeit. Die Pharaonen wurden als göttliche Vermittler zwischen den Göttern und den Menschen angesehen, und der Bau der Pyramiden war ein Akt der Verehrung und Huldigung an die Götter.

Rituale und Opfergaben

Während des Pyramidenbaus wurden zahlreiche Rituale und Opfergaben durchgeführt, um die Gunst der Götter zu erlangen und ihre Unterstützung für den Bau zu sichern. Diese Rituale umfassten Prozessionen, Gebete, Opfergaben von Nahrungsmitteln, Getränken und kostbaren Gaben sowie die Durchführung magischer Rituale zur Abwehr von bösen Mächten und zur Gewährleistung des Erfolgs des Bauvorhabens.

Die Pyramiden als heilige Stätten

Die Pyramiden galten als heilige Stätten, an denen die Verehrung der Götter stattfand und die Beziehung zwischen den Menschen und den Göttern gefestigt wurde. Sie waren Orte der Pilgerfahrt und des Gebets, an denen Gläubige um Schutz, Segen und spirituelle Erleuchtung baten. Die Pyramiden waren nicht nur physische Bauwerke, sondern auch spirituelle Symbole, die die religiösen Vorstellungen und Praktiken der alten Ägypter verkörperten.

Die Pyramiden und ihre Rolle in der ägyptischen Gesellschaft

Die ägyptischen Pyramiden waren nicht nur architektonische Meisterwerke, sondern auch zentrale Elemente in der sozialen und politischen Struktur des antiken Ägypten. Ihre Bedeutung erstreckte sich über die rein religiöse Sphäre hinaus und prägte das gesamte gesellschaftliche Gefüge.

Symbole königlicher Macht und Autorität

Die Pyramiden waren Manifestationen der königlichen Macht und Autorität. Sie dienten als monumentale Gräber für die Pharaonen, die als göttliche Herrscher betrachtet wurden. Der Bau einer Pyramide war ein Akt der Verehrung und des Respekts vor dem Pharao und symbolisierte die unumschränkte Autorität des Königs über das Land und sein Volk.

Wirtschaftliche Bedeutung

Der Bau und die Instandhaltung der Pyramiden hatten erhebliche wirtschaftliche Auswirkungen auf die ägyptische Gesellschaft. Die Errichtung solcher monumentaler Bauwerke erforderte eine beträchtliche Menge an Ressourcen, darunter Arbeitskräfte, Materialien und finanzielle Mittel. Der Pyramidenbau schuf Arbeitsplätze und beschäftigte eine Vielzahl von

Handwerkern, Bauarbeitern und Sklaven, die am Bau und der Versorgung der Baustellen beteiligt waren.

Soziale Struktur und Arbeitsorganisation

Der Bau der Pyramiden war eng mit der sozialen Struktur und der Arbeitsorganisation des antiken Ägypten verbunden. Die Arbeit an den Pyramiden wurde von einer Hierarchie von Aufsehern, Architekten, Handwerkern und Sklaven geleitet, die jeweils unterschiedliche Rollen und Verantwortlichkeiten hatten. Die Organisation und Koordination der Arbeitskräfte war entscheidend für den Erfolg des Bauvorhabens und spiegelte die komplexe soziale Ordnung des ägyptischen Staates wider.

Politische Stabilität und Legitimität

Die Pyramiden spielten auch eine wichtige Rolle bei der Aufrechterhaltung der politischen Stabilität und der Legitimität der Herrschaft. Sie dienten als Symbole für die Kontinuität der Herrschaft und als Mittel zur Festigung der königlichen Autorität über das Reich. Der Bau von Pyramiden war ein Zeichen für die Stärke und den Wohlstand des ägyptischen Staates und trug zur Festigung seiner Position in der Region bei.

Kulturelles Erbe und Identität

Die Pyramiden waren nicht nur politische und wirtschaftliche Bauwerke, sondern auch kulturelle Symbole, die das kollektive Gedächtnis und die Identität des ägyptischen Volkes prägten. Sie wurden als heilige Stätten verehrt und bildeten das Zentrum des ägyptischen Glaubens und der spirituellen Praktiken. Ihr Erbe lebt bis heute in der ägyptischen Kultur und Geschichte fort und zieht Millionen von Besuchern aus aller Welt an.

Die Pyramiden als Touristenattraktion: Reisen ins alte Ägypten

Der Zauber der ägyptischen Pyramiden erstreckt sich weit über die antike Welt hinaus und übt eine zeitlose Faszination auf Reisende aus aller Welt aus. Die Geschichte des Tourismus zu den Pyramiden ist reich an Abenteuern, Entdeckungen und kulturellem Austausch, die die moderne Welt nachhaltig geprägt haben.

Frühe Reisende und Entdecker

Schon in der Antike zogen die Pyramiden Reisende, Entdecker und Abenteurer aus aller Welt an. Griechische Historiker wie Herodot und Strabo beschrieben die Pyramiden als Wunder der Welt und inspirierten damit zahlreiche Expeditionen und Entdeckungsreisen.

Europäische Expeditionen und archäologische Forschungen

Im 19. Jahrhundert begannen europäische Expeditionen und archäologische Forschungen das Geheimnis der Pyramiden zu enträtseln. Die Entdeckung und Dokumentation der ägyptischen Monumente weckte weltweit Interesse und trug zur Verbreitung des ägyptischen Kulturerbes bei.

Entwicklung des Tourismussektors

Mit der Entwicklung des modernen Tourismussektors im 20. Jahrhundert wurden die Pyramiden zu einer der beliebtesten Reiseziele der Welt. Die Einführung von Massentourismus und die Verbesserung der Infrastruktur ermöglichten es Millionen von Menschen, die majestätischen Bauwerke zu besichtigen und die Geschichte des antiken Ägypten hautnah zu erleben.

Kultureller Austausch und Völkerverständigung

Der Tourismus zu den Pyramiden förderte auch den kulturellen Austausch und die Völkerverständigung. Menschen aus verschiedenen Ländern und Kulturen kamen zusammen, um die Schönheit und das Erbe der Pyramiden zu bewundern und sich über die Geschichte und Kultur Ägyptens auszutauschen.

Einfluss auf Kunst, Literatur und Popkultur

Die Pyramiden inspirierten Künstler, Schriftsteller und Filmemacher auf der ganzen Welt. Ihre monumentale Präsenz und mysteriöse Aura wurden in unzähligen Werken der Kunst, Literatur und Popkultur verewigt und haben das Bild Ägyptens in der modernen Imagination geprägt.

Heute sind die Pyramiden nicht nur ein Symbol für das antike Ägypten, sondern auch ein Symbol für die Menschheit als Ganzes. Ihr Erbe und ihre Bedeutung als Touristenattraktion werden auch in Zukunft weiterhin Menschen aus aller Welt faszinieren und inspirieren, die Wunder der alten Welt zu erkunden und zu bewundern.

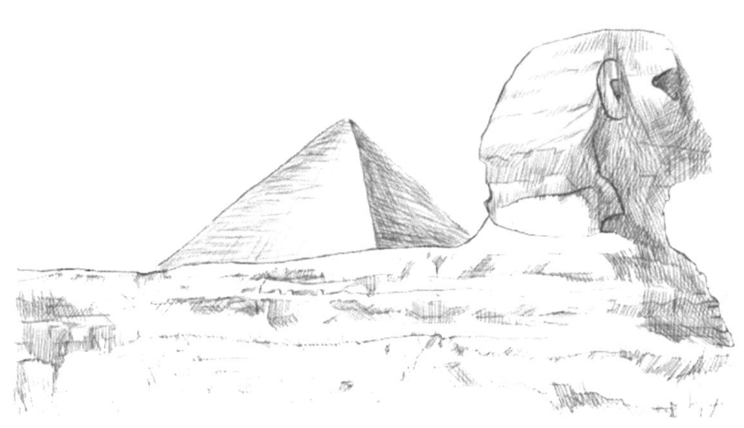

Die Pyramiden im 21. Jahrhundert: Erhaltung und zukünftige Herausforderungen

Die Pyramiden Ägyptens stehen nicht nur für die glorreiche Vergangenheit einer einst mächtigen Zivilisation, sondern sind auch ein kostbares kulturelles Erbe, das es zu bewahren gilt. Im 21. Jahrhundert stehen die Pyramiden vor neuen Herausforderungen, die eine sorgfältige Erhaltung und Schutzmaßnahmen erfordern.

Bedeutung des Erhalts für die Zukunft

Die Pyramiden sind nicht nur beeindruckende architektonische Meisterwerke, sondern auch wichtige historische und kulturelle Symbole. Ihr Erhalt ist entscheidend, um ihr Erbe für zukünftige Generationen zu bewahren und die Geschichte Ägyptens lebendig zu halten.

Schutzmaßnahmen und Erhaltungsprojekte

Die ägyptische Regierung und internationale Organisationen setzen sich aktiv für den Schutz und die Erhaltung der Pyramiden ein. Zahlreiche Projekte zur Restaurierung, Konservierung und Dokumentation werden durchgeführt, um die Strukturen vor Umweltschäden, natürlichen Verschleißerscheinungen und menschlichen Einflüssen zu schützen.

Herausforderungen und Risiken

Trotz der Bemühungen zur Erhaltung der Pyramiden stehen diese weiterhin vor verschiedenen Herausforderungen und Risiken. Klimawandel, Umweltverschmutzung, Tourismus und unkontrollierte städtische Entwicklung können langfristige Schäden verursachen und die Integrität der Bauwerke gefährden.

Integration von Technologie und Forschung

Moderne Technologien wie 3D-Scannen, Drohnenüberwachung und virtuelle Rekonstruktionen spielen eine zunehmend wichtige Rolle bei der Erhaltung der Pyramiden. Durch innovative Forschung und den Einsatz von High-Tech-Tools können Archäologen und Restauratoren neue Erkenntnisse gewinnen und effektive Erhaltungsstrategien entwickeln.

Bewusstseinsbildung und Bildung

Ein weiterer wichtiger Aspekt des Erhalts der Pyramiden ist die Bewusstseinsbildung und Bildung der Öffentlichkeit. Durch Programme zur Sensibilisierung und Aufklärung können die Menschen über die Bedeutung der Pyramiden informiert werden und dazu beitragen, ihre Erhaltung zu unterstützen.

Zukunftsaussichten und Verantwortung

Die Zukunft der Pyramiden hängt von der kontinuierlichen Zusammenarbeit zwischen Regierungen, internationalen Organisationen, Wissenschaftlern und der Öffentlichkeit ab. Es liegt in der Verantwortung aller, sicherzustellen, dass dieses erstaunliche Erbe für kommende Generationen bewahrt wird und die Pyramiden weiterhin als Symbole der Menschheitsgeschichte und kulturellen Erbes dienen.

Über den Autor

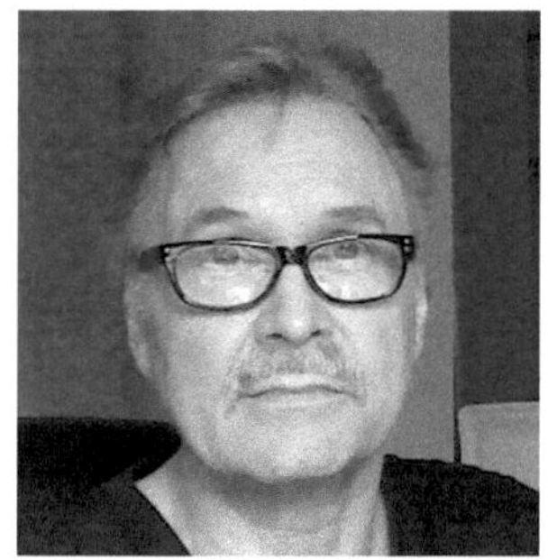

Lutz Spilker wurde im Jahre 1955 in Duisburg geboren.

Bevor er zum Schreiben von Romanen und Dokumentationen fand, verließen bisher unzählige Kurzgeschichten, Kolumnen und Versdichtungen seine Feder.

In seinen Büchern befasst er sich vorrangig mit dem menschlichen Bewusstsein und der damit verbundenen Wahrnehmung. Seine Grenzen sind nicht die, welche mit der Endlichkeit des Denkens, des Handelns und des Lebens begrenzt werden, sondern jene, die der empirischen Denkform noch nicht unterliegen.

Es sind die Möglichkeiten des Machbaren, die Dinge, welche sich allein in der Vorstellung eines jeden Menschen darstellen und aufgrund der Flüchtigkeit des Geistes unbewiesen bleiben. Die Erkenntnis besitzt ihre Gültigkeit lediglich bis zur Erlangung einer neuen und die passiert zu jeder weiteren Sekunde.

Die Welt von Lutz Spilker beginnt dort, wo zu Beginn allen Seins nichts Fassbares war, als leerer Raum. Kein Vorne, kein Hinten, kein Oben und kein Unten. Kein Glaube, kein Wissen, keine Moral, keine Gesetze und keine Grenzen. Nichts.

In Lutz Spilkers Romanen passieren heimtückische Morde ebenso wie die Zauber eines Märchens. Seine Bücher sind oftmals Thriller, Krimi, Abenteuer, Science Fiction, Fantasy und selbst Love-Story in einem.

»Ich liebe die Sprache: Sie vermag zu streicheln, zu liebkosen und zu Tränen zu rühren. Doch sie kann ebenso stachelig sein, wie der Dorn einer Rose und mit nur einem Hieb zerschmettern.«

In dieser Reihe sind bisher erschienen

Die Erfindung der Langeweile
Die Erfindung des Menschen
Die Erfindung des Geldes
Die Erfindung des Teufels
Die Erfindung des Erfolgs
Die Erfindung der Sterblichkeit
Die Erfindung der Lüge
Die Erfindung der Freiheit
Die Erfindung des Todes
Die Erfindung der Welt
Die Erfindung des Inselmenschen
Die Erfindung der Zeit
Die Erfindung der Seele
Die Erfindung der Politik
Die Erfindung des Gewissens
Die Erfindung der Religion
Die Erfindung der Schuld
Die Erfindung der Gerechtigkeit
Die Erfindung des Friedens
Die Erfindung des Selbstgesprächs
Die Erfindung der Zukunft
Die Erfindung der Pornographie
Die Erfindung der Verschwendung
Die Erfindung des Erwachsenseins
Die Erfindung der Hölle
Die Erfindung der Überbevölkerung
Die Erfindung des Himmels
Die Erfindung der Monarchie
Die Erfindung der Unterhaltung
Die Erfindung der Sprache

Die Erfindung der Musik
Die Erfindung der Wiedergeburt
Die Erfindung des Zufalls
Die Erfindung der Namen
Die Erfindung des Bewusstseins
Die Erfindung des freien Willens
Die Erfindung des Wahrsagens
Die Erfindung der Körpersprache
Die Erfindung des Schlafs
Die Erfindung der Sklaverei
Die Erfindung der Angst
Die Erfindung der Vernunft
Die Erfindung des Vollmonds
Die Erfindung des Vitamin B
Die Erfindung des Make-Up
Die Erfindung des Weihnachtsfestes
Die Erfindung des Ku-Klux-Klan
Die Erfindung des Träumens
Die Erfindung der Flaschenpost
Die Erfindung der Mafia
Die Erfindung der Freimaurer
Die Erfindung der Freibeuter
Die Erfindung der Raumfahrt
Die Erfindung der Tempelritter
Die Erfindung des ADHS-Syndroms
Die Erfindung der Homöopathie
Die Erfindung der Freizeitparks
Die Erfindung der Medien
Die Erfindung der Pyramiden